La gran ensalada

Angélica Medela
ilustrado por Mónica Calvo

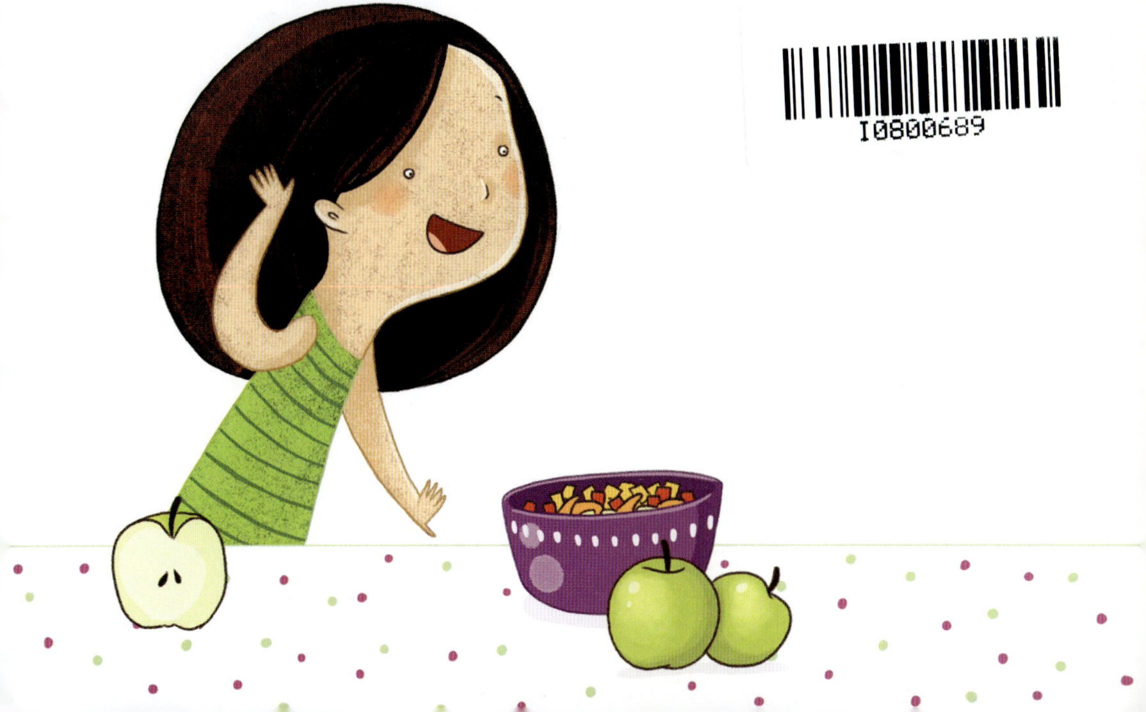

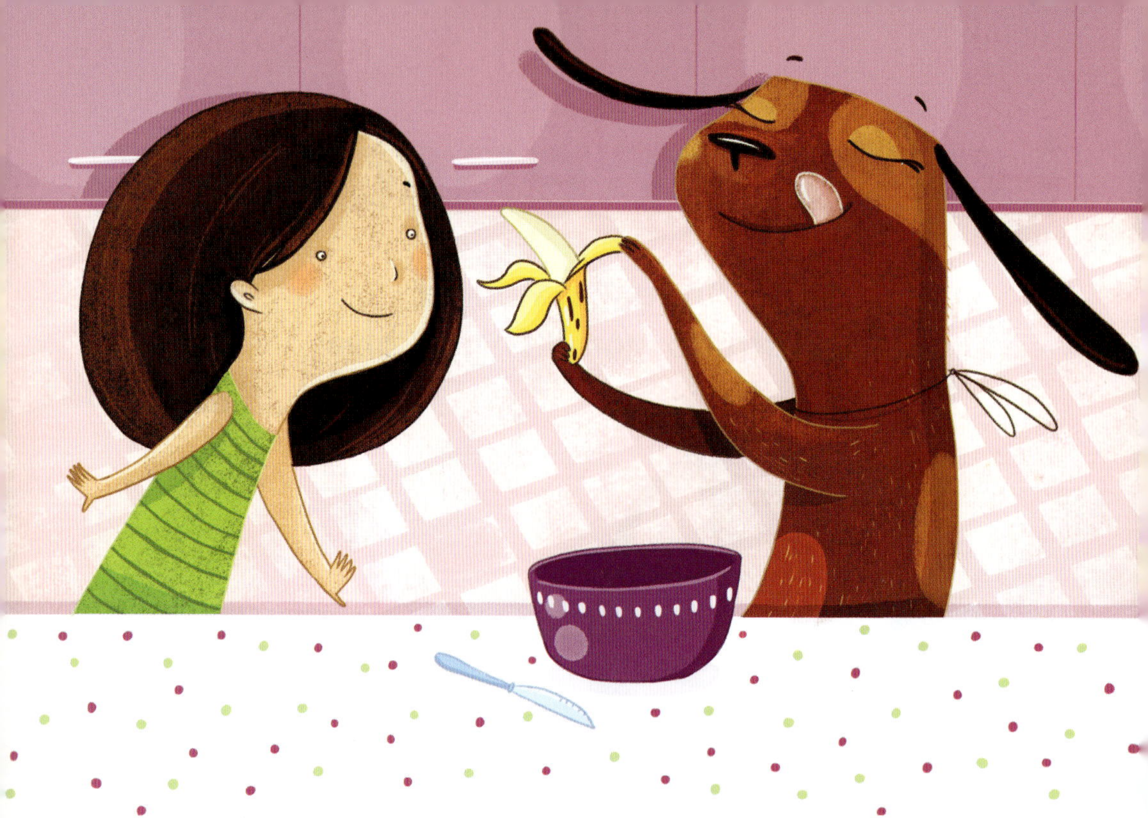

Ella pone una 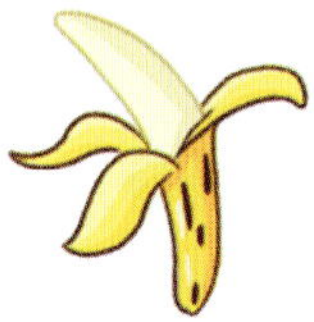 .

banana

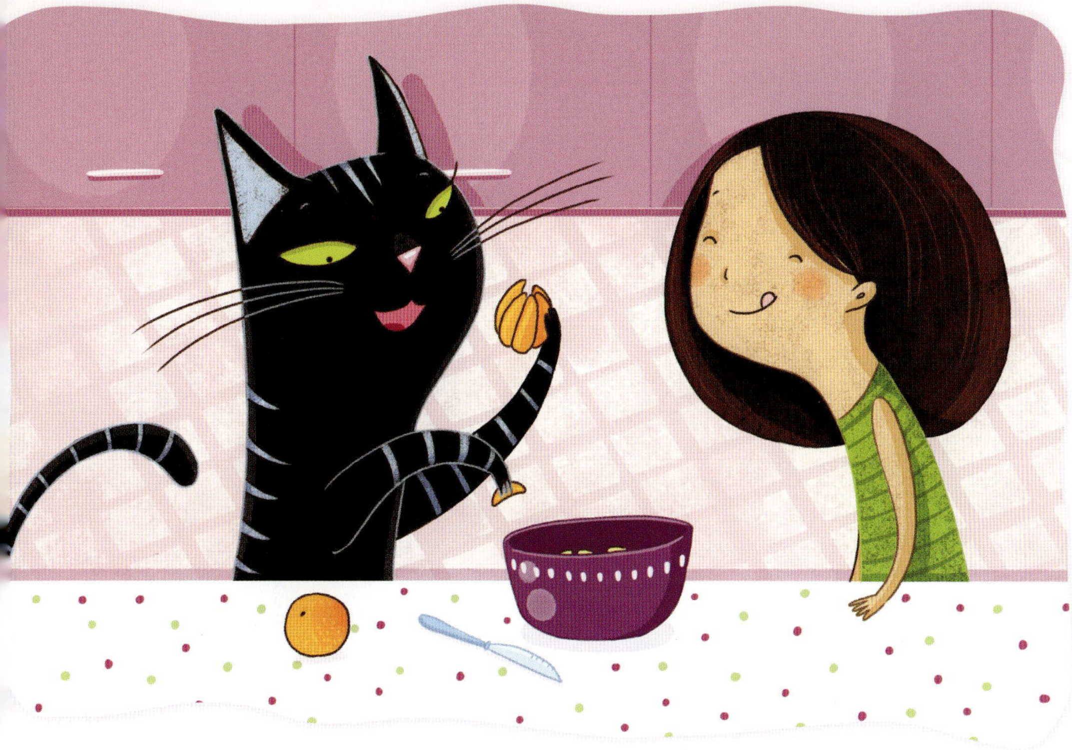

Ella pone una 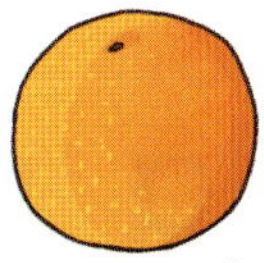 .

naranja

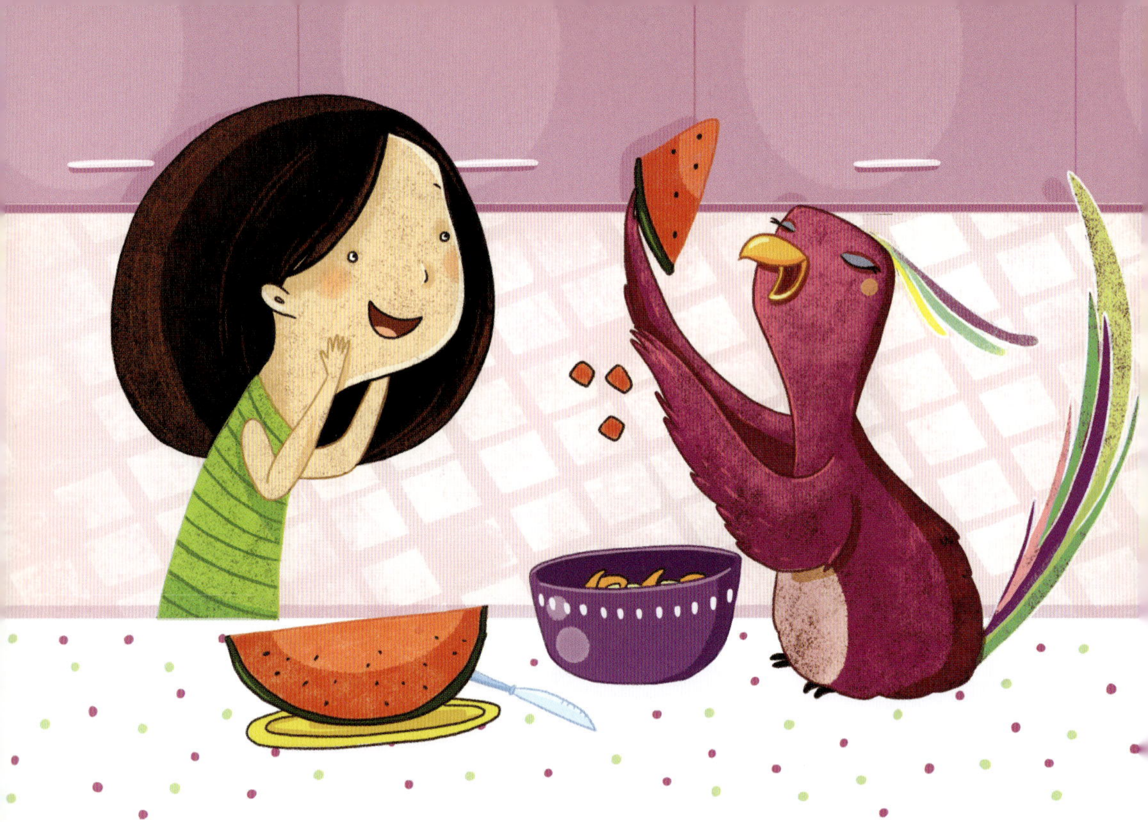

Ella pone una  .

sandía

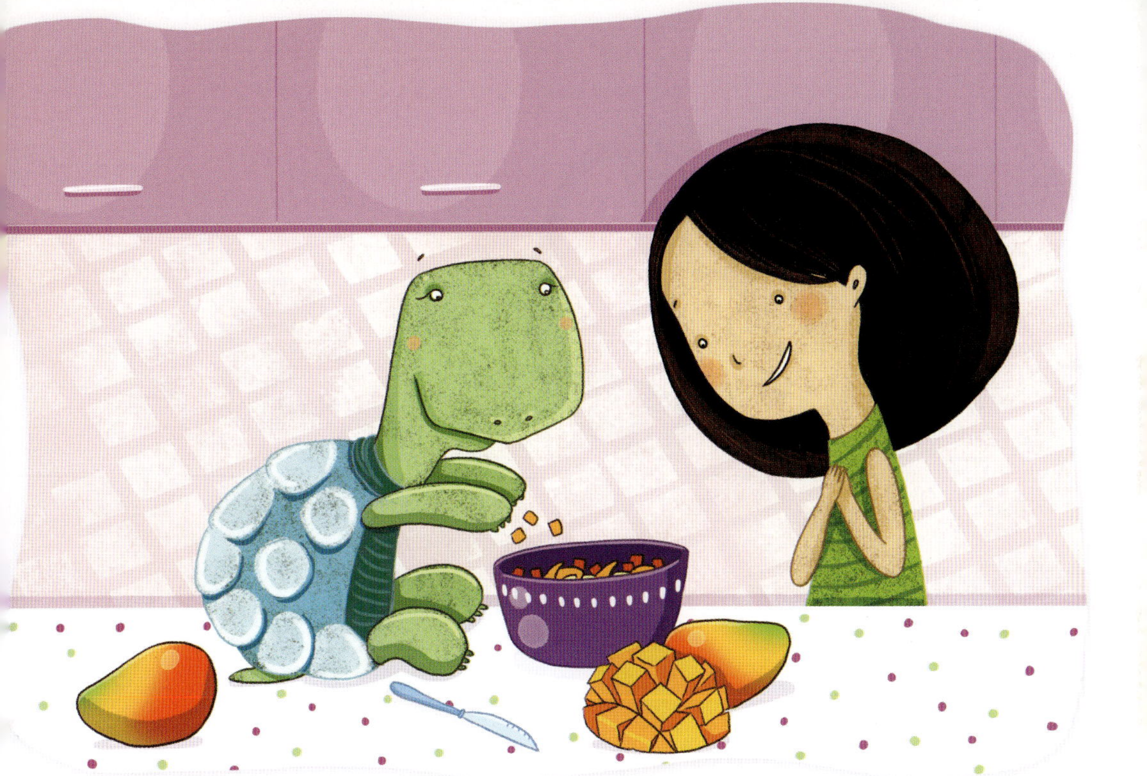

Ella pone un 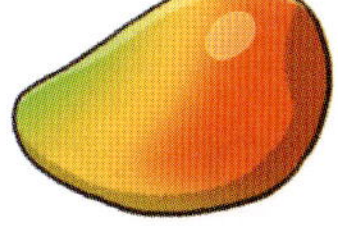 .

mango

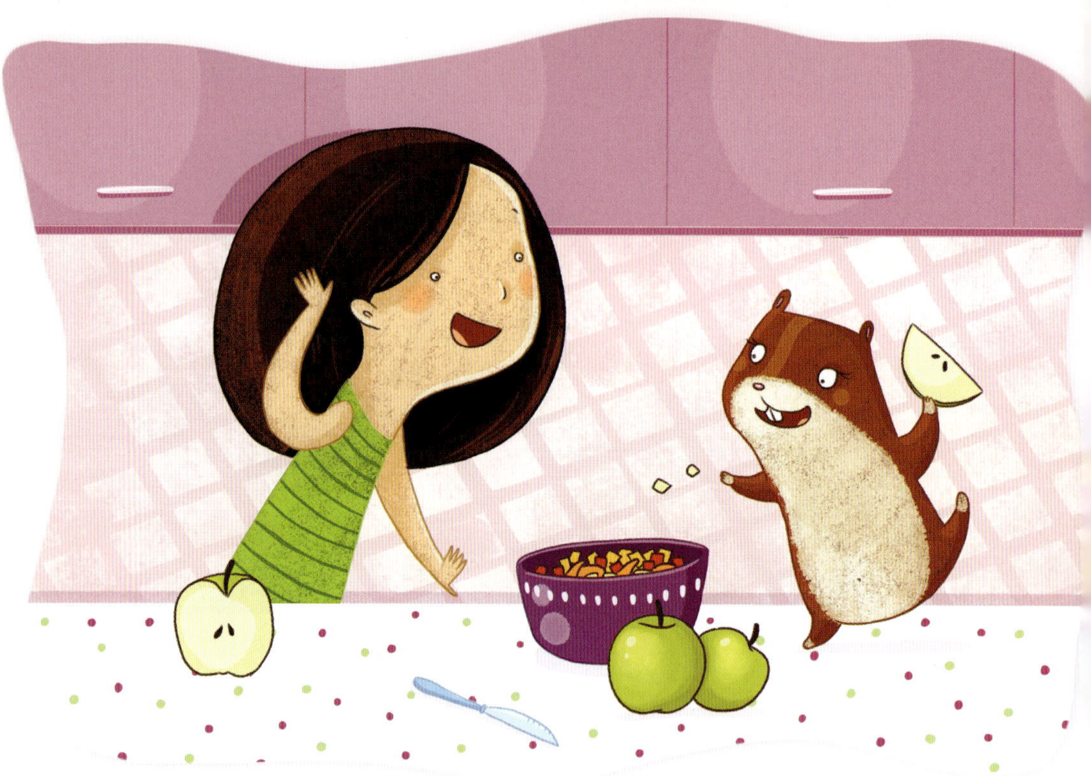

Ella pone una 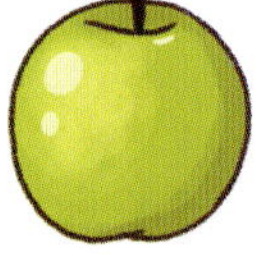 .

manzana

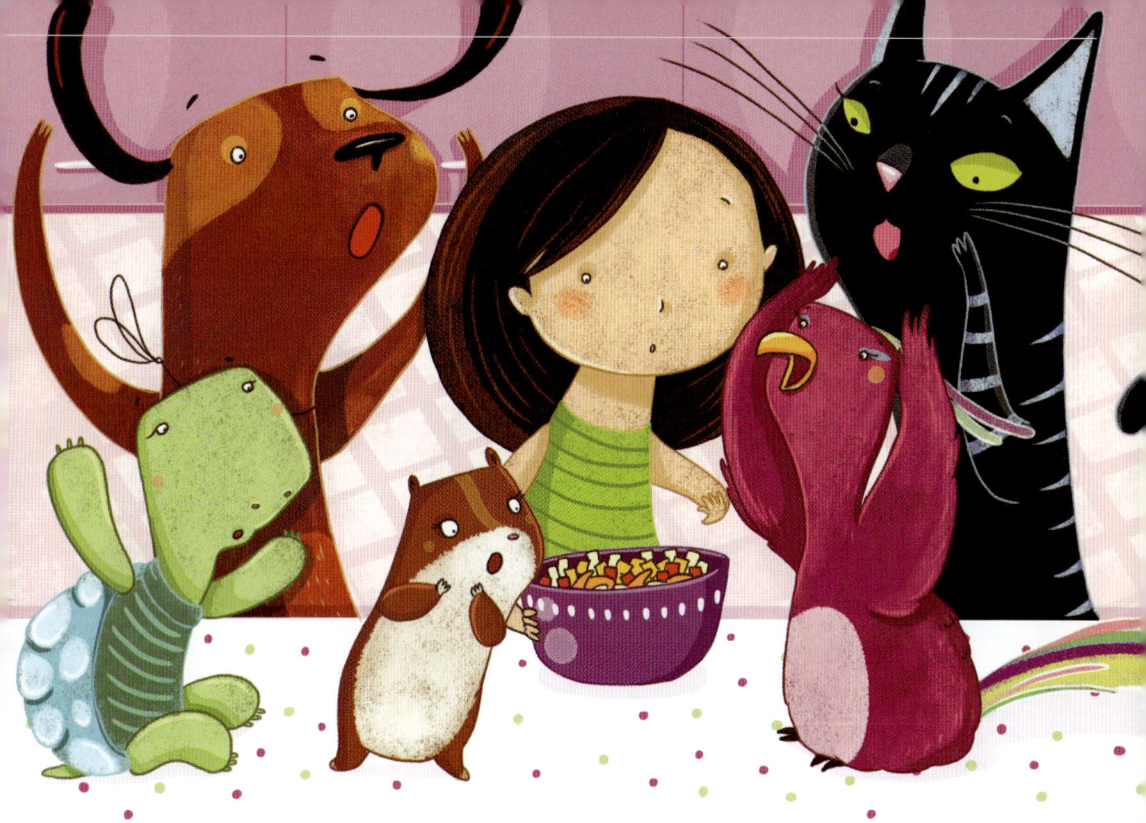

¡No! La mano, no.

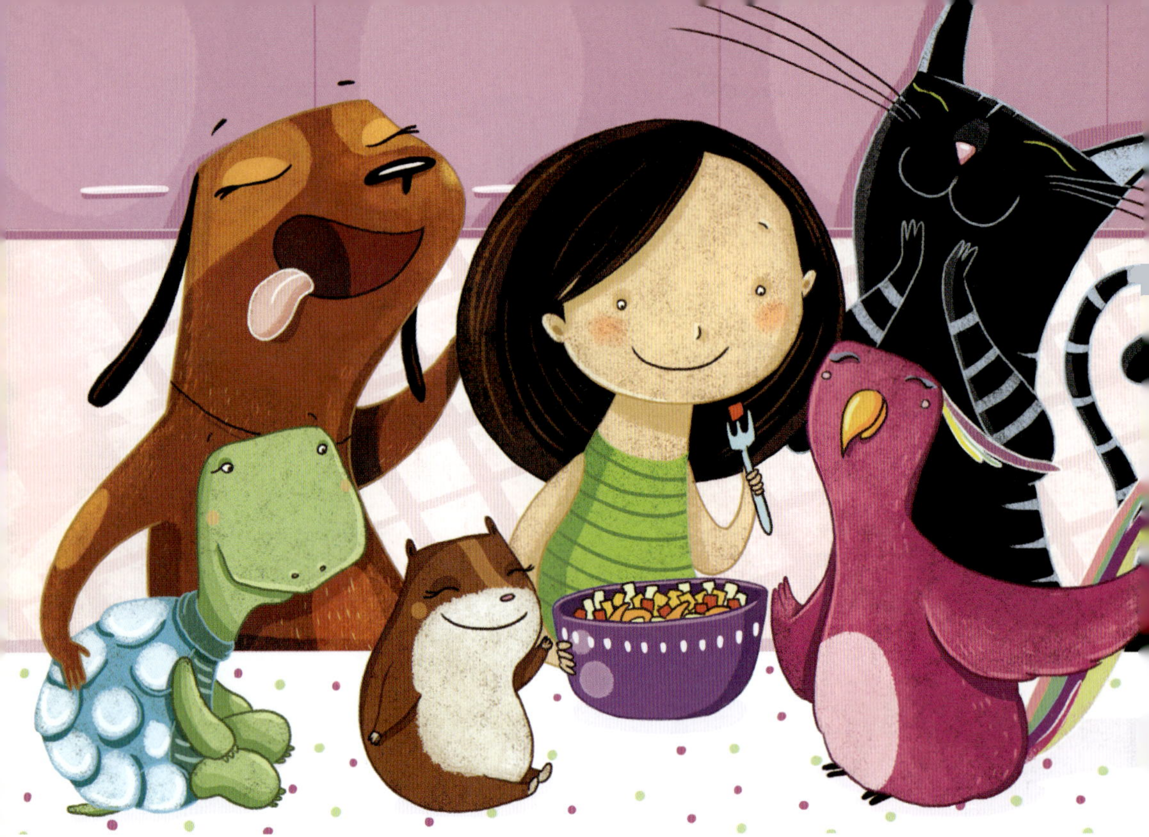

Ella usa un 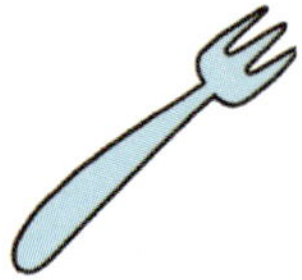 .

tenedor